AF229932

DE L'ANCIEN

ET DU

NOUVEAU MINISTERE.

Français, tremblez tous, nous vous bénissons.
BÉRANGER, *Les révérends pères.*

Un fiacre... et... Cocher, à Cayenne...
(Page 14.)

PRIX : 1 FRANC.

PARIS.

CHEZ LES MARCHANDS DE NOUVEAUTÉS.

1829

DE L'IMPRIMERIE DE DAVID,

Boulevard Poissonnière, n. 6.

DE L'ANCIEN

ET DU

NOUVEAU MINISTÈRE.

La France, encore toute meurtrie des coups que lui avait portés le ministère Villèle, commençait à respirer sous ses successeurs. Les élections étaient libres, les lois exécutées, la marche du gouvernement franche, enfin on jouait *cartes sur table*. Si, malgré le bienfait de la loi sur le jury, la suprématie rendue aux cours royales, la liberté de la presse assurée, la censure devenue impossible, les ordonnances du 16 juin, la délivrance de la Grèce et la dette de l'Espagne reconnue, les ministres étaient encore harcelés, c'est qu'il est dans la nature de l'homme, et surtout dans celle de l'opposition, de témoigner peu de reconnaissance et de profiter d'une concession faite ou d'une justice rendue pour former une nouvelle demande. Mais la majorité des chambres s'était prononcée; elle avait aidé de son appui des hommes dont la loyauté lui était connue, dont le dévouement au roi n'était point suspect et sur lesquels, aux jours du danger, nos libertés publiques s'étaient appuyées avec confiance. La session finie, le bud-

get voté, chacun se reposait des fatigues d'une
lutte parlementaire de six mois ; les ministres
préparaient de nouveaux projets pour la session
prochaine, peut-être même ceux des lois com-
munale et départementale ; confiant dans les pro-
messes qu'on lui avait faites, le commerce, après
une longue stagnation, rêvait de nouveaux dé-
bouchés et d'immenses profits : tout à coup, des
bruits sinistres se répandent, la rente baisse. On
en demande les motifs : *le Moniteur* du dimanche
9 août se charge de nous les expliquer. Le ministère est changé : MM. de Martignac, Hyde de
Neuville, Portalis, Ro., Vatisménil, Feutrier,
Saint-Cricq, de Caux, se retirent ; M. Bourdeau, plus poli que ses collègues ou moins scru-
puleux, reste le dernier pour ouvrir la porte à
MM. de Polignac, La Bourdonnaie, Montbel,
Bourmont, Courvoisier, Chabrol et de Rigny,
qui s'empressent de la refermer sur lui, en lui
donnant, pour fiche de consolation et à titre de
remercîment, la présidence de la cour royale
de Limoges. Pour les autres, point d'ordonnances de pairie ; M. de Polignac leur jette des bre-
vets de ministres d'état et deux cordons rouges.
Il oublie cependant, dans son orgueilleuse protection, MM. de Vatisménil et de Saint-Cricq,
ou plutôt il les excepte par une faveur toute par-
ticulière, ne pouvant peut-être pas leur pardon-
ner d'avoir aimé la charte avant lui. J'approuve
cette conduite à l'égard de M. de Saint-Cricq, à

cause de son ingratitude envers M. de Cazes, son bienfaiteur.

Quel a pu être le prétexte de ce coup d'état? Pour s'emparer du ministère, pour expulser des hommes honorables que la faveur nationale entourait, de quels dangers M. de Polignac a-t-il pu parler au Roi? Des séditions ont-elles éclaté? Le peuple s'est-il révolté contre ses magistrats? Les impôts ont-ils été contestés, et la misère publique est-elle venue attester l'impuissance du ministère ou l'impéritie de ses agens? Non. Tout est tranquille; chacun va, vient, cause tranquillement des affaires publiques ou de ses intérêts particuliers; les percepteurs, pleins de sécurité, recueillent les impôts; les recrues rejoignent paisiblement leurs drapeaux; le commerce redouble d'activité; les grains circulent et le prix du blé éprouve une diminution sensible; le Roi, quand il se montre à son peuple, est accueilli par des témoignages unanimes de respect et d'amour, et les populations de la Normandie saluent de leurs acclamations l'auguste fille de Louis XVI et l'héroïque mère du duc de Bordeaux. Pourquoi donc ce renvoi subit? Où était la nécessité de se débarrasser aussi brusquement d'un ministère, dont les premiers pas avaient été marqués par le bien? Les opinions, si irascibles de leur nature, n'étaient-elles pas enfin conciliées? l'Alsace n'avait-elle pas témoigné hautement au meilleur des rois et son dévouement et sa confiance dans sa sollicitude paternelle? Ses cris de joie et de respect sont-ils déjà oubliés? ou aurait-on cherché à les faire passer pour des démonstrations de haine et de fureur? Quels sont ces gens qui se présentent aujourd'hui pour gouverner la France, qui osent se placer entre elle et le Roi? M. de Polignac a subi une honorable proscription; M. de La Bourdonnaye est un royaliste selon la *Gazette*; M de Montbel ne s'est fait connaître à la tribune que par son fanatisme pour M. de Villèle, son compatriote et son ami; constitutionnel autrefois et dévot aujourd'hui, M. Courvoisier, oublié depuis 1818, ne reparaît qu'à l'aide de la congrégation, dans les bras de laquelle il s'est jeté; M. de Bourmont, M. de Chabrol et M. de Rigny complètent la pacotille. Le premier jouit d'un genre d'estime auquel personne ne se soucierait d'atteindre; honnête homme et regretté des marins dont il avait amélioré la position et si bien gouverné les intérêts pendant son dernier ministère, M. de Chabrol, s'il accepte le portefeuille des finances, va engloutir sa réputation dans ce nouvel abîme de lélire et d'ambition; couvert des lauriers de Navarin et des bénédictions de la Grèce, M. de Rigny s'associera-t-il à un parti, dont les écrivains, répudiant déjà l'occupation de la Morée, se plaignent qu'on ait employé nos trésors sauver les malheureux Hellènes? Singuliers chrétiens, qui protégent le croissant contre la

croix, fournissent des instructeurs et des bour-
reaux aux Turcs et ne veulent pas soustraire un
peuple religieux et indépendant à la mort ou
à l'apostasie! Mais la France, qui paie un mil-
liard d'impôts, demande à ses hommes d'état
d'autres garanties qu'une proscription honorable, un royalisme de *Gazette*, ou une dévo-
tion dont personne n'est dupe. Libre, forte, heu-
reuse et tranquille, quand on remue autour
d'elle des cendres encore chaudes, elle a le droit
de demander des garanties : ces garanties, elle
les trouvait dans la politique de M. de Martignac et dans celle de ses collègues. Au 12 mars
1814, et quand la France entière était encore
soumise au joug de Napoléon, rallié déjà près de
l'auguste personne de notre Dauphin, M. de
Martignac donnait à la dynastie des Bourbons de
ces gages que les périls rendent plus éclatans ;
agent actif de Louis XVIII, M. Hyde de Neuville,
malgré la proscription qui pesait aussi sur sa
tête, n'avait cessé de travailler à rétablir le roi
sur son trône ; la piété éclairée de M. l'évêque de
Beauvais n'a jamais été mise en doute que par le
journal de M. Genoude ; les noms de M. de Vatisménil, Roy, Saint-Cricq et Bourdeau étaient
chers aux amis du trône et de la liberté. Les
nouveaux ministres, nous dit-on, veulent aussi
s'appuyer sur la Charte ; cette déclaration, qui
fait sourire leurs amis, ne peut être admise sé-
rieusement. Eux, partisans de la Charte !... Oui,

comme Napoléon aimait la liberté, et leur langage ressemble à l'exergue des pièces de cinq francs, frappées en 1807; d'un côté, elles portent : RÉPUBLIQUE FRANÇAISE, et de l'autre : NAPOLÉON EMPEREUR!!!

Voilà donc l'ouvrage de deux ans détruit en moins d'une heure, la liberté livrée à ses ennemis les plus acharnés, et le jésuitisme, nouvel Antée, fort et plus puissant que jamais! voilà le fruit de ces apparitions si fréquentes, de ces traversées continuelles, de ces courses si brusques de Paris à Londres, et de Londres à Paris! que de frais de poste pour arriver à ce résultat! Heureusement l'État y pourvoyait, et quand bien même les frais de représentation n'eussent pas couvert les voyages de l'ambassadeur, ce n'est n'est pas pour son bien-aimé que la congrégation eût tenu ses trésors fermés! Le produit des quêtes est abondant; les décurions, les centurions en eussent été quittes d'ailleurs pour demander de nouveaux fonds à leurs milices valeureuses et dévouées. Les pauvres tout au plus en auraient sou*fferts; qu'importe à la congrégation, les plaintes de quelques malheureux, quand il s'agit de saisir les rènes du gouvernement!

Déjà le faubourg Saint-Germain est radieux; *les gens comme il faut* triomphent : excepté M. Courvoisier, point de ministre dont le nom ne soit précédé de la noble particule : ils sont princes, comtes ou barons! Voilà des gens que l'on peut avouer. La naissance reprend ses droits! la roture est à bas! le petit château nage dans la joie, et rêve déjà les beaux jours de la Régence! Voilà des hommes d'État à sa hauteur! Ce bon M. de la Bourdonnaie, s'il veut être conséquent avec lui-même, il faut qu'il rapporte toutes les lois contre lesquelles il a voté; les adopter, c'est convenir qu'elles sont bonnes, alors pourquoi les avoir rejetées? et Dieu merci, celui-là en a assez donné de boules noires, depuis 1815! pas une loi qui l'ait échappé, excepté celle du double vote, et sans doute celle du sacrilége! En 1816, il ne voulait pas accorder le droit électoral à nos industriels; en 1818, il repoussait la loi de recrutement, qui ne permet pas, même à un marquis d'être sous-lieutenant, à moins qu'il n'ait passé deux ans à Saint-Cyr, ou quatre ans dans les rangs des soldats et des sous-officiers. Bref, je n'en finirais pas, si je m'amusais à récapituler toutes les lois qu'il a rejetées, et qui, maintenant exécutoires, *nonobstant appel,* vont, sans doute, l'embarrasser dans sa marche administrative. Quelle joie pour lui! il le tient enfin ce portefeuille tant désiré, tant couru, si souvent manqué; sa noble tête repose dans ce même lit, où siégea sept ans, ce roturier de Corbière, qui n'en voulait pas pour collègue. Il a autour de lui les mêmes commis, et *la Gazette,* qui nous ennuya si long-temps avec les homélies de ses ad-

versaires, nous révèlera aussi les siennes!.....
Ah! grand homme, va!

La faveur des Polignac n'a pas été, jadis, fa-favorable à la royauté! leur nom n'a rien de populaire, et la popularité est aujourd'hui la première qualité d'un ministère! Celui-ci arrive, entouré des méfiances de la nation; toujours hostiles, quand le pouvoir était favorable à la liberté, ses membres auront beaucoup à faire pour se réhabiliter dans l'opinion, et pour ne pas échouer, il faudrait qu'ils adoptassent la marche et les principes de ceux qu'ils viennent de renverser; une telle conduite est impossible à tenir; ils le voudraient, que la congrégation ne le leur permettrait pas; mais il est hors de doute qu'ils ne le voudront pas. Heureusement pour eux, et malheureusement pour la France, ils auront le temps de se reconnaître : le budget de 1830 est voté, ainsi ils pourront reculer l'époque de l'ouverture des Chambres, la fixer à leur volonté, et jouir quinze mois du pouvoir. Quinze mois, c'est bien long! par bonheur, la France, confiante dans la tendresse de son roi, dans sa vigilance éclairée, sait que si, dans cette circonstance, on a surpris sa religion, ses plaintes respectueuses seront écoutées, et que le cœur de Charles X n'est point fermé à la vérité. Nul doute qu'il ne s'informe de l'effet que les ordonnances du 8 août auront produit sur le peuple, et quand il verra, d'un côté, des regrets unanimes pour ceux qui s'en vont, et des craintes justes et légitimes pour le système de ceux qui arrivent, sa royale main rappellera les exilés, dont le retour sera, pour la France, le signal de la joie et l'espoir du bonheur.

Retraite honorable! véritable triomphe! pas une acclamation pour les vainqueurs, qui se glissent dans l'ombre, et semblent dérober le pouvoir! et les vaincus sont entourés, félicités; ils ne peuvent suffire aux témoignages d'estime qu'ils reçoivent, et les salons de leurs successeurs sont déserts. Chose extraordinaire! dans un siècle où l'on court après les places, où l'on tient surtout aux emplois, les démissions pleuvent (tant il est vrai que rien ne remplace la considération); chacun a hâte de s'éloigner; on répudie la responsabilité qui va peser sur le nouveau ministère, il ne trouve pas d'associés; il est seul, tout ébahi, tout étourdi de cette désertion, dont les fastes administratifs n'ont point encore offert d'exemple; et pour la première fois, le pouvoir fraîchement installé est sans courtisans. On sent qu'on ne peut pas marcher avec les protégés de la congrégation; on craint de respirer le même air que les jésuites. M. de Martignac avait répandu autour de lui une telle odeur de probité, de conscience, d'honneur; sa marche était si franche, si naturelle, si favorable au trône dont elle faisait la force, et au peuple dont elle était la sécurité, qu'il n'y a pas moyen, à moins de se flétrir, de rester avec ses successeurs.

La congrégation a compté sur une agitation qu'elle présentera comme séditieuse : elle s'est trompée, le peuple restera tranquille et se fiera à la loyauté de ses mandataires ; il repousserait les agitateurs que le jésuitisme lancerait au milieu de lui ; il sait que bonne justice lui sera rendue. Le centre gauche, rallié à M. de Martignac, ne peut voter pour M. de La Bourdonnaie : la magistrature conservera son attitude calme et imposante : la presse sera libre, car le roi l'a promis et la loi le commande. Avec ces garanties, que peut craindre le peuple ? Les journaux ont déjà recommencé leur brillante et vigoureuse opposition ; véritable tirailleur, toujours en avant, et au plus fort du danger, le malin *Figaro* a déjà fait feu sur les nouvelles Excellences, et en France le ridicule tue. Pauvres ministres ! les voilà morts avant d'être nés. Abandonnés par les uns, bernés par les autres, quel sera leur refuge ? La toile est à peine levée, et déjà l'on siffle. Si la pièce est ainsi accueillie dès l'exposition, la salve sera belle au dénouement. Dévouez-vous donc aux intérêts de la congrégation ! En vérité, cette réception toute bruyante devrait bien les guérir, si quelque chose pouvait guérir des ambitieux. Pauvres gens ! ils dormaient si tranquilles ! Ils ont voulu tâter de l'oreiller ministériel. Grand bien leur

fasse ! dans trois mois ils m'en diront des nouvelles..... si, ce qu'à Dieu ne plaise ! ils durent
jusque-là.

Au moment de terminer, je m'aperçois que
j'ai à répondre aux craintes que la nomination
de M. de Bourmont au ministère de la guerre a
fait naître. Que ceux qui s'intéressent aux desti-
nées de l'armée se rassurent ! M. de Bourmont,
comme M. de Caux, n'est que le chef du ma-
tériel de la guerre ; le personnel est toujours
sous la puissance de Monsieur le Dauphin. Pro-
tecteur né des soldats, dont il est adoré, l'auguste héritier du trône veille toujours à la con-
servation de leurs intérêts, et quelle que soit la
tendance du ministère, là du moins les lois seront toujours exécutées et les droits de chacun
garantis. Ce ne sont point les mains sages et valeureuses qui ont si intrépidement défendu l'é-
tendard d'Henri IV sur les bords de la Drôme, et
signé l'ordonnance d'Andujar, qui déchireraient
les réglemens que la bonté de Louis XVIII a
donnés à l'armée, et que Charles X a sanc-
tionnés !

La nomination de M. de Montbel à l'instruction publique couronne l'œuvre. Partisan dé-
claré des jésuites, et sous ce rapport presque
aussi fanatique que cet amusant M. de Conny,
le nouveau ministre va sans doute ouvrir la
porte à ses nouveaux amis, et faire rapporter les
ordonnances du 16 juin. Quand on témoigne

hautement à la tribune le désir de voir l'instruction entre les mains des bons pères, il est naturel de leur faire partager le pouvoir qu'on obtient. Pauvres enfans! quel avenir vous serait réservé, si la volonté du roi n'était pas là pour arrêter le torrent! Que d'athées nous verrions! Les jésuites n'ont jamais eu la réputation d'être pour les bonnes mœurs. Jamais les filles publiques n'ont tant couru les rues que sous M. Delavau. L'honorable et si regretté M. Debelleyme les avait claquemurées. Mais voici venir, dit-on, M. Berryer fils, enfant chéri de la congrégation, ou tel autre Benjamin, *ejusdem farinæ*, qui va sans doute remettre tout sur l'ancien pied, pour la plus grande édification des fidèles. Nous allons probablement revoir aussi les distributions de vin et de saucissons; et quant à l'extinction de la mendicité, comme on n'avait souscrit qu'entre les mains de M. de Belleyme, et que quand on donne son argent aux jésuites, on ne sait jamais ce qu'il devient, on ne paiera pas; aussi les mendians vont reparaître de plus belle, et ces demoiselles vont recommencer leurs caravanes sous la protection des mouchards. Oh! le bon temps! l'heureux temps! Si on était Romain, on se croirait à l'époque des saturnales. Et les théâtres donc? Ah! ah! nous allons joliment les mener! *Tartufe* va retourner à l'index; nous proscrirons *les Deux Journées* à cause du passage contre *Mazarin*, et de peur des applicacations. Ce diable de public est si malin : n'a-t-il pas déjà sifflé lundi dernier au Gymnase, dans *Monsieur le Marquis*, le personnage qui dit : *Croyez-moi, le vrai bon temps est celui dans lequel nous vivons.* Vite ! vite ! gendarmes ! empoignez-moi ces gaillards-là ! Un fiacre !... et... cocher, à Cayenne !